Klaus Ritzkopf

Die zehn Gebote

An-Gebote zum Leben

Über den Autor:

Klaus Ritzkopf war von 1963 bis 1969 Pfarrer der Dietrich-Bonhoeffer-Gemeinde in der Nordweststadt Frankfurt/Main. 1969/70 verbrachte er einen einjährigen Studienurlaub in den USA als Gast der United Church of Christ. Anschließend war er von 1971 bis zu seinem Ruhestand im Jahre 1997 Pfarrer der Auferstehungsgemeinde Wiesbaden.

Vorderseite des Einbands:
Tonfigur des Mose und Foto: Klaus Ritzkopf

Impressum:
© 2014 Klaus Ritzkopf, Taunusstein

Layout und Druckvorlage:
Biografiewerkstatt Otto, Mainz

Herstellung und Verlag:
Books on Demand GmbH, Norderstedt

ISBN: 978-3-735738714

Preis: 5,00 Euro

Inhalt

Brauchen wir noch die zehn Gebote?	8
1. Das biblische Menschenbild	10
2. Die Sinai-Offenbarung	12
3. Wortlaut und Zählung der zehn Gebote	15
4. Die Bedeutung der einzelnen Gebote	17
5. Der Dekalog und das Vaterunser	38
6. Nachbetrachtung	40

Da erhob sich ein Donnern und ein Blitzen und eine dichte Wolke war über dem Berg und es ertönte der Ton einer sehr starken Posaune. Das ganze Volk aber, das im Lager war, erschrak. Und der ganze Berg Sinai rauchte, weil Gott der Herr auf den Berg herabfuhr im Feuer. Und der Rauch stieg auf wie der Rauch von einem Schmelzofen und der ganze Berg bebte sehr. (2. Mose 19, 16-18)

So weit die biblische Darstellung eines Ereignisses, das die Begegnung Gottes mit Moses auf dem Berg Sinai beschreibt.

Im weiteren Verlauf wird berichtet, dass zwei Steintafeln von Gott an Moses übergeben wurden, die mit den zehn Geboten beschriftet waren.

Inzwischen sind etwa 3200 Jahre vergangen, aber bis zum heutigen Tag haben diese zehn Gebote nichts von ihrer Bedeutung verloren.

Die erste Tafel enthält vier Gebote. Sie betreffen das Verhältnis des Menschen zu Gott. Die zweite Tafel enthält sechs Gebote. Sie regeln das Zusammenleben der Menschen untereinander.

In unsere Zeit übersetzt haben die zehn Gebote folgenden Wortlaut:

Das erste Gebot

**Ich bin der Herr, dein Gott,
der einzige und wahrhaftige Gott,
der dich erlöst und dir ein neues,
befreites Leben schenkt.**

Das zweite Gebot

**Du sollst dir von Gott kein Bild machen
und es nicht anbeten.**

Das dritte Gebot

**Du sollst den Namen Gottes
nicht missbrauchen.**

Das vierte Gebot

**Beachte den Tag der Ruhe.
Er ist ein von Gott geheiligter Tag.**

Das fünfte Gebot

**Du sollst alten Menschen mit
Respekt begegnen.**

Das sechste Gebot

Du sollst nicht töten.

Das siebente Gebot

Du sollst keine Ehe und Familie zerstören.

Das achte Gebot

Du sollst nicht stehlen.

Das neunte Gebot

**Du sollst nichts Unwahres
über deine Mitmenschen sagen.**

Das zehnte Gebot

Du sollst nicht habgierig sein.

Brauchen wir noch die zehn Gebote?

Wer in den Medien verfolgt, wie über menschliche Fehltritte, Straftaten und Gerichtsverfahren berichtet und diskutiert wird, dem fällt zweierlei auf:

Einerseits fehlt der Mehrzahl der Übeltäter jegliches Unrechtsbewusstsein. Die meisten fühlen sich ertappt aber unschuldig, weil in ihrem Bewusstsein nie ein fester unverrückbarer Maßstab für Recht und Unrecht verankert wurde.

Andererseits herrscht in der öffentlichen Diskussion große Ratlosigkeit. Ein Verlust der „Werte" wird festgestellt, angebliche Rechtlosigkeit wird beklagt, schärfere Gesetze und härtere Strafen werden gefordert und das gesellschaftliche Umfeld wird mitverantwortlich gemacht. Aber niemand weist darauf hin, dass die zehn Gebote in Vergessenheit geraten sind. Fast keiner kennt sie mehr.

Dies trägt dazu bei, dass eine zunehmende Orientierungslosigkeit weiter um sich greift, die vor allem für junge Menschen fatale Folgen hat.

Tagtäglich werden wir mit Nachrichten, Informationen und Bildern durch Radio, Fernsehen und Internet geradezu überfüttert. Aber wir sind immer weniger in der Lage, mit dieser Informationsflut umzugehen und diese Eindrücke zu bewerten und einzuordnen.

Wenn die biblischen Grundwerte, die der Mensch lebensnotwendig braucht und auf die er schöpfungsmäßig angelegt ist, nicht mehr mit der dafür notwendigen Nachhaltigkeit vermittelt werden und dieses innere Koordinatennetz fehlt, dann entsteht ein Vakuum, das sofort von anderen Ideologien und religiösen Heilsbringern besetzt wird, die oft leichtes Spiel haben, junge Leute mit billigen Heilsversprechen zu ködern und auf ihre Seite zu ziehen.

Das erfordert unsere ganze Wachsamkeit!

Vielleicht sind uns die zehn Gebote auch deshalb fremd geworden, weil wir noch den Lutherischen Katechismus im Kopf haben, wo in der Erklärung des achten Gebotes vom „Afterreden und vom bösen Leumund machen" die Rede ist und das zehnte Gebot lautet: „Lass dich nicht gelüsten deines Nächsten Weib, Knecht, Magd, Vieh und alles, was sein ist."

Das war die Welt von damals. Darum denken viele, dass die zehn Gebote mit unserer heutigen Welt nichts mehr zu tun haben. Das ist ein Irrtum!

Die zehn Gebote sind heutzutage erstaunlicherweise genauso zeitgemäß wie vor 3000 Jahren, wenn man sich die Mühe macht, ihren tiefen Sinn zu ergründen. Dann entpuppen sich diese alten Sätze als absolut praktikabel und aktuell, weil die Menschen, für die sie gedacht sind, exakt dieselben geblieben sind.

Darum ist es an der Zeit, den **Dekalog** (griechisch: **Deka Logoi** = zehn Worte) wieder zu entdecken und auf seine zeitlose Bedeutung hinzuweisen.

Das soll in sechs Schritten geschehen:

1. Schritt: Das biblische Menschenbild
2. Schritt: Die Sinai-Offenbarung
3. Schritt: Wortlaut und Zählung der zehn Gebote
4. Schritt: Die Bedeutung der einzelnen Gebote
5. Schritt: Der Dekalog und das Vaterunser.
6. Schritt: Nachbetrachtung

1. *Das biblische Menschenbild*

Im ersten Kapitel der Bibel, 1. Mose 1,18, steht ein Satz, der von grundlegender Bedeutung ist: „Und Gott segnete sie (die zuvor erschaffenen Menschen) und **sprach** zu ihnen." Das heißt: Gott will, ja er muss mit den Menschen reden. Das macht seine Sonderstellung innerhalb der Schöpfung aus, dass der Schöpfer nur mit dem Menschen in einen Dialog tritt. Das tat er nicht mit den anderen Lebewesen, die er zuvor erschaffen hatte.

Dieser Wunsch Gottes, mit den Menschen zu kommunizieren, entsprach seiner erklärten Absicht, den Menschen zu seinem Partner und zum Verwalter seiner Schöpfung zu machen. Und um diese Aufgabe im Sinne Gottes zu erfüllen, bedurfte der Mensch der ständigen Wegweisung Gottes.

Dem Menschen wird darüber hinaus noch eine zweite Würdigung zuteil. In 1. Mose 1,17 heißt es: „Und Gott schuf den Menschen Ihm zum Bilde, zum Bilde Gottes schuf er ihn." Aber was ist mit dem Begriff Bild (hebräisch: Zäläm) gemeint?

In außerbiblischen Texten bedeutet Zäläm eine Götterstatue, wie sie in heidnischen Tempeln oft anzutreffen ist. Die Statuen sind die kultischen Abbilder der jeweiligen Götter. Die Vorstellung, dass der betreffende Gott in dieser Statue „wohne", wird in allen antiken Texten vorausgesetzt.

Das heißt: Wenn der Mensch Zäläm Gottes genannt wird, dann repräsentiert der Mensch auf der Erde diesen Gott, indem er seinen Willen ausführt.

Um diese Aufgabe zu erfüllen, muss der Mensch in die Lage versetzt werden, im Sinne Gottes zu handeln und zu entscheiden. Dies bedeutet zunächst, dass der Mensch nicht mehr dem Zwang seines Instinkts unterliegt, der dem Tier die Maßgabe seines Handelns auferlegt, sondern der Mensch ist selbst für sein Handeln verantwortlich. Er muss sich das Wertesystem, nach dem er künftig lebt, selbst suchen. Dabei kann er sich dieser Verantwortung entziehen, indem er sich das „kollektive Gewissen" aneignet. Dann tut er das, was „man" tut! Aber damit wird er weder seiner göttlichen Bestimmung noch seiner Verantwortung für sein Leben gerecht.

Erst durch das Wort Gottes wird sein Gewissen in rechter Weise „beschriftet". Erst durch diese göttliche Willensvermittlung wird das menschliche Gewissen mit einem adäquaten Inhalt gefüllt.

Im Sinne Gottes richtig zu leben, das kann der Mensch nicht aus sich selbst. Das muss ihm gesagt werden. Dies dem Menschen zu vermitteln, ist Teil seiner Erziehung, vor allem der religiösen Erziehung, und es ist unentschuldbar, wenn dies nicht in ausreichendem Maße geschieht. Darum sollte der Mensch möglichst früh diese Gebote lernen, verstehen und verinnerlichen, ehe falsche „Ratgeber" diese Lücke auszufüllen versuchen.

Der Mensch **ist** also nicht das Ebenbild Gottes, sondern er **wird** es in dem Maße, wie er sich dem Worte Gottes öffnet. Das heißt: Je mehr das lebendige Wort Gottes und sein Gebot das Leben eines Menschen bestimmen, desto mehr verwirklicht sich in ihm das Ebenbild Gottes. Damit ist er auf dem Weg, ein Mensch nach dem Bilde Gottes zu werden. Nur Jesus **ist** in Vollkommenheit „das Ebenbild des unsichtbaren Gottes" geworden. (Kol.1,15)

2. Die Sinai-Offenbarung

Die kurze einprägsame Darstellung des Gotteswillens erfolgte unmittelbar nach dem Auszug der Kinder Israels aus Ägypten. Die wunderbare Errettung aus der Hand der Ägypter und der Durchzug durchs Schilfmeer waren für die Israeliten die große Heilstat Gottes, an die sie sich bis zum heutigen Tag mit Dankbarkeit erinnern.

Doch das Geschenk der Freiheit bedurfte nun der Ergänzung durch bestimmte Wegweisungen, die dazu dienten, diese gewonnene Freiheit nicht wieder leichtfertig zu verspielen. Das Verhältnis Gottes zu seinem Volk musste geordnet werden.

Dazu führte Mose das Volk Gottes durch eine wildzerklüftete Landschaft an den Fuß des Berges Sinai. Sin-ai heißt: Berg des (Mondgottes) Sin. Die Mondreligion war damals sehr verbreitet. Schwerpunkte der Verehrung waren die Städte Ur in Chaldäa und Haran im damaligen Syrien. In Ur hieß der Mondgott Nanna und in Haran Sin. Man kann davon ausgehen, dass Terach, der Vater Abrahams, noch ein Anhänger der Mondreligion war, weil er sich mit seiner Sippe an beiden Orten länger aufhielt.

Also ausgerechnet auf jenem Berg, auf dem vorzeiten noch dem Mondgott geopfert wurde, wollte Gott, der alleinige wahre Gott, das Verhältnis zu seinem Volk auf eine sichere Grundlage stellen. Die Übergabe des Gesetzes Gottes auf dem Berg Sinai bedeutete gleichzeitig die endgültige Absage an die Mondreligion. Dies mag der Grund dafür sein, dass spätere biblische Überlieferungen den Namen Sinai durch den Namen Horeb ersetzten.

Dieses Grundgesetz Gottes galt in erster Linie dem Volk Israel, aber grundsätzlich gilt es für alle Menschen, die an diesen einen Gott glauben. Wer an diesen Gott glaubt, verpflichtet sich, diese Sätze zu übernehmen, weil sie das Verhältnis zwischen Gott und dem Menschen für alle Zeiten regeln.

Sie gelten für alle Menschen, die diesem Gott nachfolgen, unabhängig von der Zeit, in der sie leben, und unabhängig von Rasse und Volk, dem diese Menschen angehören. Der Glaube an diesen Gott und der Glaube an dieses Regelwerk der zehn Gebote sind untrennbar miteinander verbunden und niemand hat das Recht, sich auf diesen Gott zu berufen, der sich nicht ausdrücklich zu diesen Regeln bekennt.

Diese Leitsätze markieren eine Grenze, die der Mensch nicht überschreiten sollte, wenn er den Frieden mit Gott und den Frieden untereinander nicht gefährden will. Diese Gebote sind der Wertekanon, der allen anderen weiterführenden Gesetzen zugrunde liegen sollte. Außerhalb dieses Wertekanons sollten die Menschen, die an diesen einen Gott glauben, sich nicht bewegen, wenn sie nicht in Chaos, Anarchie und Unmenschlichkeit fallen wollen. Dies ist der Grund, warum Gott seinem Volk, stellvertretend für alle Völker, diese Sätze verkündete.

Desto mehr verwundert es, dass die zehn Gebote nicht im Koran enthalten sind, obwohl der Glaube an den einen Gott das Grundbekenntnis des islamischen Glaubens ist und in der siebenten Sure ausdrücklich von der Übergabe der Gesetzestafeln an Mose berichtet wird. Vers 146 erzählt, dass Allah die Tafeln übergab, auf denen „Belehrungen über alle Dinge und Entscheidungen über alle Fälle" aufgezeichnet waren, mit dem Hinweis: „Nimm diese mit Ehrerbietung an und befiehl deinem Volk, dass sie sich nach den vortrefflichen Lehren darin verhalten sollen."

Doch Mose kommt im Koran dieser Bitte nicht nach. Im Koran fehlen die Aufzählung der zehn Gebote und damit der Inhalt dieser Tafeln! Stattdessen betrachtet der Islam später die Gesetze der Scharia als göttliches Gesetz.

Die Gründe für den Verzicht mögen in zwei Überlegungen zu suchen sein: Im Alten Testament gelten die Zehn Gebote als ein Vertragswerk, mit dem Gott einen Bund mit dem Volk Israel geschlossen hat. Gleichzeitig bedeutet dieser Bundesschluss eine Hervorhebung und Sonderstellung des Volkes Israel vor allen Völkern. Dem aber musste Mohammed widersprechen, weil er nicht den Juden, sondern den Arabern diese Sonderstellung einräumte.

Mohammed konnte gewiss nicht allen Geboten zustimmen. Denn es lag in seiner Absicht, Kriege zu führen und damit Menschen zu töten. Außerdem waren die beiden Gebote „nicht zu stehlen" und „nicht die Unwahrheit zu sagen" für ihn dann außer Kraft gesetzt, wenn sie seinem Ziel, den Islam auszubreiten, im Wege standen. Inhaltlich übernimmt er nur die ersten drei Gebote.

Mittlerweile leben in unserem Lande christliche und muslimische Bürger zusammen, die offensichtlich zwei verschiedene Rechtsauffassungen haben.

Wenn wir im christlich-jüdischen Kulturkreis von Recht und Unrecht sprechen, dann orientieren wir uns an den zehn Geboten. Sie geben als göttliches Gesetz die Grundlage und Leitlinien für die auf diesen Geboten basierenden „Ausführungsbestimmungen". Sie sind sozusagen die letzte Instanz, nach der sich alle anderen Gesetze auszurichten haben. Sie sind gleichzeitig der Garant für alle menschliche Willkür. Wenn aber von den muslimischen Mitbürgern diese Rechtsauffassung nicht geteilt wird, kann dies das friedliche Zusammenleben extrem belasten und den Rechtsfrieden gefährden.

3. Wortlaut und Zählung der zehn Gebote

Die zehn Gebote stehen im Alten Testament, 2. Mose 20, Vers 1-17. Sie lauten nach der Übersetzung Martin Luthers: (1) Und Gott redete alle diese Worte:

Erstes Gebot
(2) Ich bin der Herr, dein Gott, der ich dich aus Ägyptenland, aus der Knechtschaft, geführt habe. (3) Du sollst keine anderen Götter neben mir haben.

Zweites Gebot
(4) Du sollst dir kein Bildnis noch irgendein Gleichnis machen, weder von dem, was oben im Himmel, noch von dem, was unten auf Erden, noch von dem, was im Wasser unter der Erde ist. (5) Bete sie nicht an und diene ihnen nicht. Denn ich, der Herr, dein Gott, bin ein eifernder Gott, der die Missetat der Väter heimsucht bis ins dritte und vierte Glied an den Kinder derer, die mich hassen, (6) aber Barmherzigkeit erweist an vielen Tausenden, die mich lieben und meine Gebote halten.

Drittes Gebot
(7) Du sollst den Namen des Herrn, deines Gottes, nicht missbrauchen, denn der Herr wird den nicht ungestraft lassen, der seinen Namen missbraucht.

Viertes Gebot
(8) Gedenke des Sabbattages, dass du ihn heiligst. (9) Sechs Tage sollst du arbeiten und alle deine Werke tun. (10) Aber am siebenten Tage ist der Sabbat des Herrn, deines Gottes. Da sollst du keine Arbeit tun, auch nicht dein Sohn, deine Tochter, dein Knecht, deine Magd, dein Vieh, auch nicht dein Fremdling, der in deiner Stadt lebt.

(11) Denn in sechs Tagen hat der Herr Himmel und Erde gemacht und das Meer und alles was darinnen ist und ruhte am siebenten Tage. Darum segnete der Herr den Sabbattag und heiligte ihn.

Fünftes Gebot
(12) Du sollst deinen Vater und deine Mutter ehren, auf dass du lange lebest in dem Lande, das dir der Herr, dein Gott, geben wird.

Sechstes Gebot
(13) Du sollst nicht töten.

Siebentes Gebot
(14) Du sollst nicht ehebrechen.

Achtes Gebot
(15) Du sollst nicht stehlen.

Neuntes Gebot
(16) Du sollst nicht falsch Zeugnis reden wider deinen Nächsten.

Zehntes Gebot
(17) Du sollst nicht begehren deines Nächsten Haus. Du sollst nicht begehren deines Nächsten Weib, Knecht, Magd, Rind, Esel noch alles, was dein Nächster hat.

Im Alten Testament werden die zehn Gebote als die „zehn Worte" oder als „Worte des Bundes" bezeichnet. (2. Mose 34,28) Die einzelnen Gebote werden in der Bibel nicht gezählt. Die obige Zählung ist meine Eintragung und nach meiner Überzeugung die richtige. Die ersten vier Gebote der ersten Tafel ordnen das Verhalten der Menschen gegenüber Gott, die Gebote 5-10 auf der zweiten

Tafel ordnen das Verhalten der Menschen untereinander. Das Sabbatgebot kann sowohl der einen wie der anderen Tafel zugerechnet werden.

Obwohl die Bedeutung der zehn Gebote in der christlichen Kirche meist unbestritten war, gab es dennoch Versuche, diese Gebote zu manipulieren.

Offensichtlich geriet die kirchliche Volksfrömmigkeit öfter in Konflikt mit dem 2. Gebot: „Du sollst dir kein Bildnis machen ..." (Verse 4-6) Darum hat die katholische Kirche schon in vorreformatorischer Zeit das Gebot gestrichen! Um wieder auf die Zahl 10 zu kommen, hat man das zehnte Gebot (Vers 17) geteilt. Da damals fast niemand eine Bibel hatte oder sie nicht lesen konnte, blieb die Tat unbemerkt.

Martin Luther hätte nun allen Anlass gehabt, in seinem Katechismus die ursprüngliche Zählung wiederherzustellen, aber er tat es merkwürdigerweise nicht. Die calvinistisch-reformierte Theologie dagegen entspricht der obigen Zählung. Heute hat sich die katholische Zählung durchgesetzt, wobei eine gewisse Unsicherheit existiert. Meist wird das zweite Gebot wie gewohnt weggelassen, gelegentlich werden auch die Verse 2-6 im ersten Gebot zusammengefasst, aber ausgerechnet die „Worte der Befreiung" (Vers 2b) fehlen, was diesem Grundgebot seinen eigentlichen Inhalt nimmt.

4. Die Bedeutung der einzelnen Gebote

Zunächst eine Vorbemerkung: Damit die einzelnen Gebote in unserer Zeit besser verstanden werden, zitiere ich den Wortlaut der Gebote nicht textgenau, sondern sinngenau, „nicht buchstäbelnd, sondern nach ihrem Sinn und Geist" (H. Bezzel). Einzelne Gebote werden auch etwas gekürzt.

Das erste Gebot

*Ich bin der Herr, dein Gott,
der einzige und wahrhaftige
Gott, der dich erlöst
und dir ein neues,
befreites Leben schenkt.*

Dies ist eigentlich kein Gebot, sondern eine mit allem Nachdruck getroffene Feststellung, dass es nur einen Gott gibt und es demzufolge völlig ausgeschlossen ist, dass es noch einen anderen Gott geben kann. Dies ist die erste Proklamation des Ein-Gott-Glaubens, ein Vermächtnis, das dem Volk Israel seine Einzigartigkeit verleiht. Es ist die Ur-Kunde des Monotheismus. Dieser eine und einzige Gott ist nicht Amun-Re, wie die Ägypter behaupteten. Es ist auch nicht der Sonnengott Aton, wie der Pharao Echnaton verkündete, oder der Mondgott Sin, der auf dem Berge verehrt wurde, sondern es ist der Gott Abrahams, Isaaks und Jakobs, der Gott, der sein Volk aus der Knechtschaft der Ägypter befreit hat.

Dieses Gebot war damals für Israel und ist heute für uns das Gebot der Befreiung. Es befreit den Menschen von der Annahme falscher Leitbilder, Vorbilder und Idole, die sein Leben zu bestimmen suchen. Es befreit den Menschen von der Gier nach Geld und Gütern, die als Ersatzgötter an die Stelle Gottes treten. Und es zeigt einen Ausweg aus dem Teufelskreis der Abhängigkeiten und der Sucht.

Es befreit den Menschen auch von der Last der persönlichen Schuld durch die Kraft der göttlichen Vergebung.

Zuletzt befreit das erste Gebot den Menschen von der Angst. Denn wenn dieser eine Gott wirklich die einzige und größte Macht überhaupt ist und der Mensch sich dieser Macht unterstellt, dann muss alle Angst vor wem und was auch immer weichen, selbst die Angst vor dem Tod.

Das zweite Gebot

*Du sollst dir von Gott
kein Bild machen
und es nicht anbeten.*

Dieses Gebot sagt uns, dass dieser Gott unvorstellbar groß und mächtig ist. Er steht jenseits unseres Vorstellungs- und Denkvermögens. Kein Bild und keine Statue kann diesen Gott fassen und ausdrücken. Gott kann nicht mit Ton, Holz, Farbe oder irgendeinem anderen Material dargestellt werden. Denn so würde Gott zu einem Götzen. Selbst die beschränkte Kraft unseres Verstandes reicht nicht aus, um ihn sich vorzustellen.

Im Johannesevangelium 4,24 heißt es: „Gott ist Geist, und die ihn anbeten, die müssen ihn im Geist und in der Wahrheit anbeten."

Diese Abkehr von einem sichtbaren Gottesbild wird nun durch die Vorstellung der Allgegenwart Gottes ersetzt. Es gibt keine heiligen Orte, wo der Mensch meint, Gott besonders nahe zu sein. Er ist überall gleich präsent, auch da, wo man ihn gar nicht vermutet.

Am besten bringt das der 139. Psalm zum Ausdruck: „Ich gehe oder liege, so bist du um mich und siehst alle meine Wege ... Von allen Seiten umgibst du mich und hältst deine Hand über mir. Diese Erkenntnis ist mir zu wunderbar und zu hoch. Ich kann sie nicht begreifen."

Das dritte Gebot

Du sollst den Namen Gottes nicht missbrauchen.

Der Name Gottes repräsentiert Gott selbst. Als der Tempel in Jerusalem von dem König Salomo eingeweiht wurde, sagte er: „Wohnt denn Gott wahrhaftig auf Erden? Fürwahr, die Himmel fassen dich nicht, wie viel weniger dieses Haus, das ich erbaut habe. Aber der Name Gottes wird in diesem Haus wohnen. (1. Könige 8,27)

Der Name repräsentiert das Wesen und die Person Gottes und mit seinem Namen liefert er sich den Menschen aus. Somit bedeutet die Verunglimpfung seines Namens gleichzeitig die Verunglimpfung seiner Person.

Als sich Gott dem Mose offenbart, sagt er ihm seinen Namen Jahwe. Dies ist im Alten Testament die gebräuchlichste Anrede Gottes. Die einfachste Übersetzung lautet: „Ich bin der Allgegenwärtige." Eine andere Überlieferung verwendet im Alten Testament den Namen Elohim. Das bedeutet: „Der Herr aller Mächte." Jesus verwendet eine Kurzform dieses Namens „El", als er am Kreuz ausrief: „Eli, Eli lama asaphtani" – „Mein Gott, mein Gott, warum hast du mich verlassen?"

Von Elohim abgeleitet ist der Gottesname Allah, der von vielen arabischen Christen gebraucht wird. Ebenso verwenden die Muslime diesen Gottesnamen. Allerdings unterscheidet sich das muslimische Gottesbild wesentlich vom christlichen.

Später wird das biblische Gottesbild auf das griechische „Theos", das lateinische „Deus" und dann auf „Gott" übertragen (s. Apostelgeschichte 17, 22-28).

Es geht aber in diesem Gebot nicht allein um den Missbrauch des Gottesnamens, sondern vor allem um den Gebrauch. Gott hat uns seinen Namen gegeben, um über ihn und mit ihm zu reden. Das dritte Gebot ist also ein Aufruf zum Gebet und es wäre ein Missbrauch des Gottesnamens, es nicht zu tun.

Das vierte Gebot

Beachte den Tag der Ruhe. Er ist ein von Gott geheiligter Tag.

Erstmals in der Geschichte der Menschheit wird für den arbeitenden Menschen ein Tag der Ruhe verordnet. „Sechs Tage sollst du arbeiten und alle deine Werke tun, aber der siebte Tag ist der Tag des Herrn, da sollst du kein Werk tun. (2. Mose 20,9)

Nach sechs Tagen Arbeit hat der Mensch einen göttlichen Anspruch auf einen Ruhetag.

Bei den Juden ist es der Sabbat. Die Christen einigten sich auf den Sonntag, weil Jesus an einem Sonntag von den Toten auferstanden ist.

Dieser Ruhetag hat sich weltweit durchgesetzt, selbst in Ländern mit anderem religiösen Hintergrund.

Aber der Sonntag ist nicht nur Ruhetag. Es ist der Tag des Herrn. Es ist der Tag, der dem Herrn heilig ist. Es sollte der Tag sein, an dem sich Gott und Mensch begegnen. An dem Tag sollte der Mensch Trost und Kraft für den Alltag suchen und sich für die kommende Woche geistlich neu ausrichten lassen.

Es ist Sache der Kirche und der Gemeinden, diesen Tag so zu gestalten, dass die Menschen gerne zur Kirche gehen und in den Gottesdiensten die Begegnung zwischen Gott und Mensch wirklich stattfindet.

Das fünfte Gebot

Du sollst alten Menschen mit Respekt begegnen.

Die zweite Tafel des Dekalogs versucht das zwischenmenschliche Leben zu ordnen, das heißt, den Schwachen zu schützen, den Einzelnen vor Schaden zu bewahren und ein Leben zu ermöglichen, in dem Gerechtigkeit und Gewaltfreiheit herrschen.

Dabei räumt die Bibel der Sorge um den alten Menschen die erste und höchste Priorität ein. Das ist ein erstaunlicher Vorgang. Der alte Mensch als das schwächste und gebrechlichste Glied der Gesellschaft verdient in besonderer Weise den Schutz, die Fürsorge und den Beistand der jüngeren Generation. Dieses Gebot ist also nicht zuerst eine pädagogische Anweisung an die Kinder, den Eltern gehorsam zu sein, sondern es geht vor allem um das Verhältnis der erwachsenen Kinder zu ihren alt gewordenen Eltern.

Wenn wir über unsere Eltern sprechen, sollten wir immer bedenken, dass es uns nicht gäbe, wenn sie uns nicht empfangen, großgezogen, ernährt und uns für das Leben vorbereitet hätten. Ein Glücksfall, wenn sie auch den Glauben an uns weitergegeben haben.

Seit Menschengedenken baut eine Generation auf der nächsten auf und reicht das weiter, was sie an Glauben, Wissen und Erfahrung gesammelt hat.

Darum sind wir von Gott aufgerufen, verantwortungsvoll, verständnisvoll und liebevoll mit den Menschen umzugehen, deren Lebenskraft abnimmt.

Das sechste Gebot

Du sollst nicht töten.

Das Lebendig-Sein ist die unmittelbarste Erfahrung Gottes in unserer Welt. Der Mensch kann großartige Dinge erfinden und erschaffen. Aber das Leben kommt von Gott. Darum sollen wir mit allem Lebendigen auf dieser Welt achtsam umgehen und darauf bedacht sein, es zu mehren, zu schützen, zu heilen, zu fördern und zu bewahren. Kein Lebewesen darf ich quälen, verletzen oder misshandeln.

Das sechste Gebot wurde am tiefsten und umfassendsten verstanden von Albert Schweitzer, der im Urwald von Afrika erkannte, dass die „Ehrfurcht vor dem Leben" das oberste Leitmotiv allen christlichen Handelns ist.

Weil das Leben unmittelbar göttlichen Ursprungs ist, liegt auch das menschliche Leben nicht in der Verfügbarkeit des Menschen.
Jedes einzelne Leben ist einmalig, einzigartig und unwiderbringlich.
Gott hat uns das Leben geschenkt, darum liegt es alleine an ihm, wann er es uns wieder nimmt. Diese klare Ansage für das Leben beinhaltet einige Konsequenzen.

Das sechste Gebot nimmt Stellung gegen den Krieg, gegen Mord und Totschlag, gegen die Todesstrafe, gegen die aktive Sterbehilfe, gegen die Tötung des heranwachsenden Lebens im Mutterleib und gegen das vermeintliche Recht, sich selbst zu töten.

Das siebente Gebot

Du sollst keine Ehe und Familie zerstören.

Die Ehe und Familie sind die Grundlage der menschlichen Gesellschaft. Mann und Frau sind füreinander geschaffen und ihre Verschiedenheiten ergänzen sich. Die Ehe ist die Institution, in der neues Leben entsteht, und die Familie gibt dem heranwachsenden Kind die Sicherheit, die Geborgenheit und den Schutz, den es auf seinem Weg zum Erwachsenwerden braucht.

Beide Elternteile haben die Verantwortung für ihre Kinder und tragen dazu bei, dass dieser bergende Schutzraum der Familie erhalten bleibt.

Darum untersagt das Gebot, die eigene oder eine andere Ehe absichtlich oder leichtfertig zu zerstören und aufs Spiel zu setzen.

Die Ehe und Familie entsprechen dem Gebot des Schöpfers: „Seid fruchtbar und mehret euch und füllet die Erde und machet sie euch untertan." (1. Mose 1,28a)

Die Ehe basiert auf der beiderseitigen Zusage der Treue gegenüber dem Ehepartner. Das heißt: Mann und Frau vertrauen sich einander an. Durch dieses gegenseitige Treuebekenntnis wird die Ehe vollzogen und bei der kirchlichen Eheschließung vor Gott bestätigt. Die Ehe ist nach evangelischem Verständnis kein Sakrament.

Das achte Gebot

Du sollst nicht stehlen.

Was sich der Mensch rechtmäßig erarbeitet und erworben hat, gehört zu seinem Eigentum. Kein anderer darf es beschädigen oder an sich nehmen.

Dagegen: Alle Güter und Werte, die sich ein Mensch durch Hehlerei, Korruption, Ausbeutung, Betrug und Diebstahl angeeignet hat, darf er nicht als sein Eigentum betrachten.

Die Schöpfung ist und bleibt Gottes Eigentum. Er hat sie uns nur anvertraut, sie uns nur geliehen. Darum sollte sich der Mensch an diesen Schöpfungsgütern nicht bereichern. Die Wälder, das Wasser, die Früchte des Feldes, die Tiere, die Fische und die Bodenschätze hat Gott dem Menschen zur Nutzung anvertraut. Er soll sie weiterentwickeln und verantwortlich gebrauchen, um zu arbeiten, zu wohnen und zu leben. Diese Güter sind für alle Menschen bestimmt.

Sie sollen nicht nur den reichen, sondern auch den armen Menschen zugutekommen. Der Reichtum der Schöpfung sollte gerecht aufgeteilt werden.

Wir müssen aus Rücksicht auf die nachfolgenden Generationen achtsam und sparsam damit umgehen.

Das neunte Gebot

Du sollst nichts Unwahres über deine Mitmenschen sagen.

Wer sich mit falschen Aussagen, bösen Gerüchten und bewussten Lügen über seine Mitmenschen äußert, fügt ihnen großen Schaden zu. In der Bergpredigt sagt Jesus, dass eine solche Verhaltensweise sogar Menschen zu Tode bringen kann. (Matthäus 5, 21-22)

Das heutige Wort „Mobbing" drückt das aus, was das Gebot meint. In Schulen, Vereinen, Betrieben, ja auch in Kirchengemeinden wird durch dieses Mobbing die Atmosphäre vergiftet und ein vertrauensvolles Zusammenleben oft unmöglich gemacht. Menschliche Beziehungen werden zerstört und falsche Beschuldigungen verursachen Neid, Hass, Streit und Gewalt.

Dasselbe Vorgehen kann man auch in den neuen Medien beobachten, wenn im Internet durch Wort und Bild Menschen an den Pranger gestellt und wehrlos dem Gelächter und dem Gespött der Mitmenschen ausgeliefert werden. Man nennt dies „Cybermobbing".

Im Ganzen geht es in diesem Gebot um die Wahrung der Integrität des Wortes und der Sprache. Denn das Wort ist das Mittel, mit dem sich die Menschen untereinander verständigen. Das Wort muss eindeutig, unmissverständlich und wahrhaftig sein.

Wenn die Wahrheit zur Lüge verdreht wird, ist der Weg zum Unfrieden, zu Streit und Krieg nicht mehr weit.

Wer die Sprache beschädigt und missbraucht, der legt die Axt an die Wurzel des friedlichen Miteinanders aller Menschen.

Worte können erfreuen, trösten und heilen, aber sie können auch zerstören, entzweien und großes Unheil anrichten.

Das neunte Gebot fordert dazu auf, uns der Verantwortung für unsere Sprache und unser Reden immer bewusst zu sein.

Das zehnte Gebot

Du sollst nicht habgierig sein.

Das zehnte Gebot rundet den Dekalog ab, indem es wieder an das erste Gebot anknüpft. Ging es im ersten Gebot um Gott, so geht es im zehnten Gebot um den Mammon. Jesus bringt in der Bergpredigt den Zusammenhang auf den Punkt, wenn er sagt: Ihr könnt nicht Gott dienen und dem Mammon. Das eine schließt das andere aus. Der Gott des Geldes und der Habgier ist der Gegenpol zu dem wahren Gott.

Es ist die ungezügelte Habsucht, die jedes Bemühen, eine gerechte, friedliche und menschenwürdige Gesellschaft aufzubauen, untergräbt, weil die Habsucht alle Regeln und Gesetze außer Kraft zu setzen und zu umgehen sucht und nur das eigene Wohlleben im Blick hat. Die Habgier brachte in den letzten Jahren sogar die Weltwirtschaft an den Rand des Abgrunds.

Gemeint ist der Mensch, dessen Leben und Denken nur noch um seine Begehrlichkeiten kreist und der in seinem Drang, immer noch mehr haben zu wollen, trotzdem unzufrieden bleibt, weil seine Gier unersättlich ist. Darum treibt diese Habgier viele Menschen in die Kriminalität.

Dagegen sollte unser Bemühen darauf ausgerichtet sein, jedem Menschen die gleichen fairen Chancen zu geben. Jeder sollte seine individuellen Gaben, Fähigkeiten und Möglichkeiten entdecken und nutzen, um ein zufriedenes, glückliches Leben zu ermöglichen, ohne dem anderen zu schaden. Statt Habsucht sollten Dankbarkeit, Bescheidenheit und Mäßigung unser Leben bestimmen.

Eine interessante Parallele findet sich in den 3000 Jahre alten Ägyptischen Totenbüchern, die den Toten mitgegeben wurden, um sich im Totengericht zu verteidigen:

Zitat: „Ich habe mir nicht mehr vom Wasser des Nils genommen, als mir zustand."

5. Der Dekalog und das Vaterunser

Es ist überraschend und unerklärlich, dass zwei so unterschiedliche Texte so große Ähnlichkeiten aufweisen. Mehr als 1200 Jahre liegen zwischen dem Dekalog im 1. Mosebuch und dem Gebet Jesu in der Bergpredigt. Ein Gesetzestext und ein Gebet, zwei Gegensätze, die Übereinstimmungen eigentlich ausschließen. Aber wenn man beide Schriftstücke miteinander vergleicht, fällt auf, dass es in der gleichen Reihenfolge um die gleichen Fragen geht.

Wichtige Grundfragen des Glaubens werden aus alttestamentlicher und neutestamentlicher Sicht beantwortet. Da passt alles zueinander – unglaublich!

Die frappierenden Übereinstimmungen lassen den Schluss zu, dass in diesen beiden Texten die gleiche originale Handschrift Gottes erkennbar ist.

Zunächst werden die Fragen „Wer ist Gott?" = Unser Vater (1. Gebot), „Wo ist Gott?" = Im Himmel (2. Gebot) und „Wie erreiche ich Gott?" = Über meinen Namen (3. Gebot) kurz und prägnant dargelegt. Dann weist das Vaterunser auf das kommende Reich Gottes als Vollendung der Sabbatruhe hin (4. Gebot). Die Generationenfolge der Eltern haben als Botschafter Gottes die Aufgabe, den Willen Gottes weiterzugeben (5. Gebot). Der Wille Gottes selbst ist der Wille zum Leben. Leben ist nur möglich, wenn uns Gott das tägliche Brot gewährt (6. Gebot). Ehe und Familie sind der Ort der Vergebung. Ohne Vergebung ist keine menschliche Gemeinschaft vorstellbar (7. Gebot). Diebstahl, Unwahrheit und Habgier sind die drei größten Gefahren, die jeder menschlichen Gemeinschaft drohen und sie zerstören können. Darum die Bitte: Führe uns nicht in Versuchung. Die Habgier wird ganz dem Bösen zugerechnet (8.-10. Gebot).

Fragestellung	Dekalog	Vaterunser
Wer ist Gott	Ich bin der Herr, Dein Gott	Unser Vater
Wo ist Gott	Nicht in einem Bildnis	Der du bist im Himmel
Wie erreiche ich Gott	Über meinen Namen	Geheiligt werde Dein Name
Die Zeit Gottes	Der Tag der Ruhe	Dein Reich komme
Die Botschafter und Stellvertreter Gottes	Die Generationenfolge der Eltern	Dein Wille geschehe im Himmel also auch auf Erden
Der Wille Gottes	Leben zu schenken und zu erhalten	Unser tägliches Brot gib uns heute
Der Mensch in der Gemeinschaft	Zerstöre nicht die Ehe und Familie	Und vergib uns unsere Schuld wie auch wir vergeben unseren Schuldigern
1. Versuchung	Du sollst nicht stehlen	Und führe uns nicht in Versuchung
2. Versuchung	Du sollst nichts Unwahres sagen	Und führe uns nicht in Versuchung
3. Versuchung	Du sollst nicht habgierig sein	Erlöse uns von dem Bösen

6. Nachbetrachtung

Ein Schriftgelehrter fragte einmal Jesus: „Meister, welches ist das höchste Gebot im Gesetz?" Darauf antwortete Jesus: „Du sollst den Herrn, deinen Gott, lieben von ganzem Herzen, von ganzer Seele und mit deiner ganzen Gesinnung. Das andere Gebot aber ist dem gleich: Du sollst deinen Nächsten lieben wie dich selbst. In diesen beiden Geboten hängt das ganze Gesetz und die Propheten." (Matth. 22, 35-40)

Das heißt, es gibt eigentlich nur ein Gebot: das Gebot der Liebe.

Die Liebe ist die Lebensader, die mich mit Gott und meinem Nächsten verbindet. Und indem ich meinen Nächsten liebe, gebe ich Gott die Liebe, die er mir schenkt, wieder zurück.

Es geht im Leben also nicht nur um den Glauben, sondern auch um unser Tun, das wir vor Gott einmal werden verantworten müssen. Beides muss im Leben in die rechte Relation zueinander gebracht werden.

Martin Luther hat in seiner handfesten Sprache im Großen Katechismus bei der Auslegung des ersten Artikels dazu folgendes gesagt:

„Wenn wir von Herzen glaubten, würden wir auch danach tun und nicht so stolz einhergehen, trotzen und uns brüsten, als hätten wir das Leben, Reichtum, Gewalt und Ehre usw. von uns selbst, dass man uns fürchten und uns dienen müsste, wie die unselige, verkehrte Welt tut, die in ihrer Blindheit ersoffen ist, alle Güter und Gaben Gottes allein zu ihrer Hoffart, Geiz, Lust und Wohlbehagen missbraucht und Gott nicht einmal ansieht, um ihm zu danken und ihn als ihren Herrn und Schöpfer anzuerkennen."

Form und Inhalt des Dekalogs sind einzigartig. Er zeigt einen Weg, wie Menschen friedlich zusammenleben können. Wer diese zehn Regeln beachtet, der lebt im Einklang mit Gott und seinen Mitmenschen. In anderen Religionen, außer dem Judentum, gibt es nichts Vergleichbares. Auch die öfter geäußerte These, dass alle Religionen auf den gleichen ethischen Prinzipien basierten, ist nicht zutreffend.

Der Islam anerkennt die Scharia als das für alle Menschen geltende göttliche Gesetz.

Der Hinduismus wurde lange Zeit geprägt durch die Person Mahatma Gandhis, der die Gewaltlosigkeit nicht nur predigte, sondern auch lebte und seine Nähe zum christlichen Glauben betonte. Inzwischen hat sich im Hinduismus, ähnlich wie im Islam, der radikale nationalistische Flügel durchgesetzt. Der jüngst gewählte Präsident Indiens Narendra Modi gilt als Verfechter dieser Richtung. Unter ihm sind Benachteiligungen und Verfolgungen religiöser Minderheiten nicht mehr auszuschließen.

Bleibt der Buddhismus, dessen bekanntester Vertreter der Dalai Lama ist. Er erklärte am 15. Mai 2014 in der Frankfurter Paulskirche, dass der Buddhismus keine Religion, sondern eine Art Wissenschaft des Geistes sei. Auch glaube er nicht an einen Schöpfergott. Darum setze er sich für eine „säkulare Ethik" ein, die Menschen aller Religionen, auch Nichtgläubige, akzeptieren könnten. Der Schlüssel zum Glück liege in den alten indischen Weisheitslehren. Es gelte, die negativen Emotionen wie Wut und Hass in unserem Bewusstsein zu reduzieren und positive Emotionen wie Liebe und Zuneigung aufzubauen. Dieses „geistige Training" habe nichts mit Religion zu tun.

Deutlicher kann man den Unterschied zum christlichen Glauben nicht beschreiben.

Natürlich gibt es immer wieder Fragen, ob man die Gebote des Dekalogs überhaupt halten könne und sie den Menschen nicht überforderten. Aber diese Gebote sind keine Bürde, die Gott uns aufladen will. Gebote sind Wegweiser, Warnsignale, Grenzpflöcke und Hinweisschilder, die uns anzeigen sollen, wo es langgeht. Sie sollen als Koordinatennetz dem alltäglichen Leben eine klare Ausrichtung und innere Festigkeit geben. Die Gebote dienen der Gewissensbildung und wollen eine klare Unterscheidung von Recht und Unrecht und von Gut und Böse ermöglichen.

Im Frieden mit Gott, den Menschen und der Schöpfung zu leben, dies ist die Zielvorgabe des Dekalogs. Die zehn Gebote sind „An-Gebote" zum Leben.

Zuletzt noch zwei Hinweise: Wenn Fragen anstehen, die in den zehn Geboten nicht beantwortet werden, dann sollten sie stets im Geist der Liebe entschieden werden. Und wer, trotz allem Bemühen, ein Gebot übertritt, der darf auch Gott um Vergebung bitten, sofern er bereit ist, im Sinne der fünften Bitte des Vaterunsers, auch seinem Mitmenschen einen Fehltritt zu verzeihen.

Kein Mensch wird die Gebote hundertprozentig erfüllen können.

Das konnte nur einer: Jesus Christus.

Ebenfalls bei Books on Demand (BoD) erschienen:
Klaus Ritzkopf: **Worum geht es im christlichen Glauben?**
ISBN 978-3-837010763, Preis: 8,00 €:

Die Bibel ist das wichtigste Buch überhaupt. Aber sie verstaubt in den Regalen. Jeder kennt sie, fast jeder hat sie, aber nur wenige lesen sie.
Angesichts der Herausforderungen unserer Zeit, insbesondere durch den Islam, dürfen wir Christen uns nicht verstecken. Im Sinne der Bergpredigt Jesu sollten wir unseren Glauben wieder sichtbarer auf den Leuchter stellen.
Diese eigene christliche Überzeugung zu stärken und zu festigen, ist die Absicht dieses Buches. Es soll eine Handreichung sein, uns mit unserem Glauben auseinanderzusetzen, und uns befähigen, mit anderen argumentativ über den Glauben ins Gespräch zu kommen.
Neu ist der Versuch, die Entstehung der Bibel und des christlichen Glaubens historisch nachzuzeichnen. Aus dieser Betrachtungsweise ergeben sich überraschende Einsichten, die den Glauben von einer ganz anderen Seite beleuchten.